SBB

SWASTICK
BOOK BOX
MASON OF WINNERS

हिन्दी सुलेख
अभ्यास पुस्तिका
क ख ग

बच्चों के लिए उत्कृष्ट हिन्दी सुलेख अभ्यास पुस्तिका

प्रीति गर्ग
द्वारा रचित

अपनी पेन्सिल से नमूने का पालन करें

Date : ....

Teacher's Signature : ....

अपनी पेन्सिल से नमूने का पालन करें

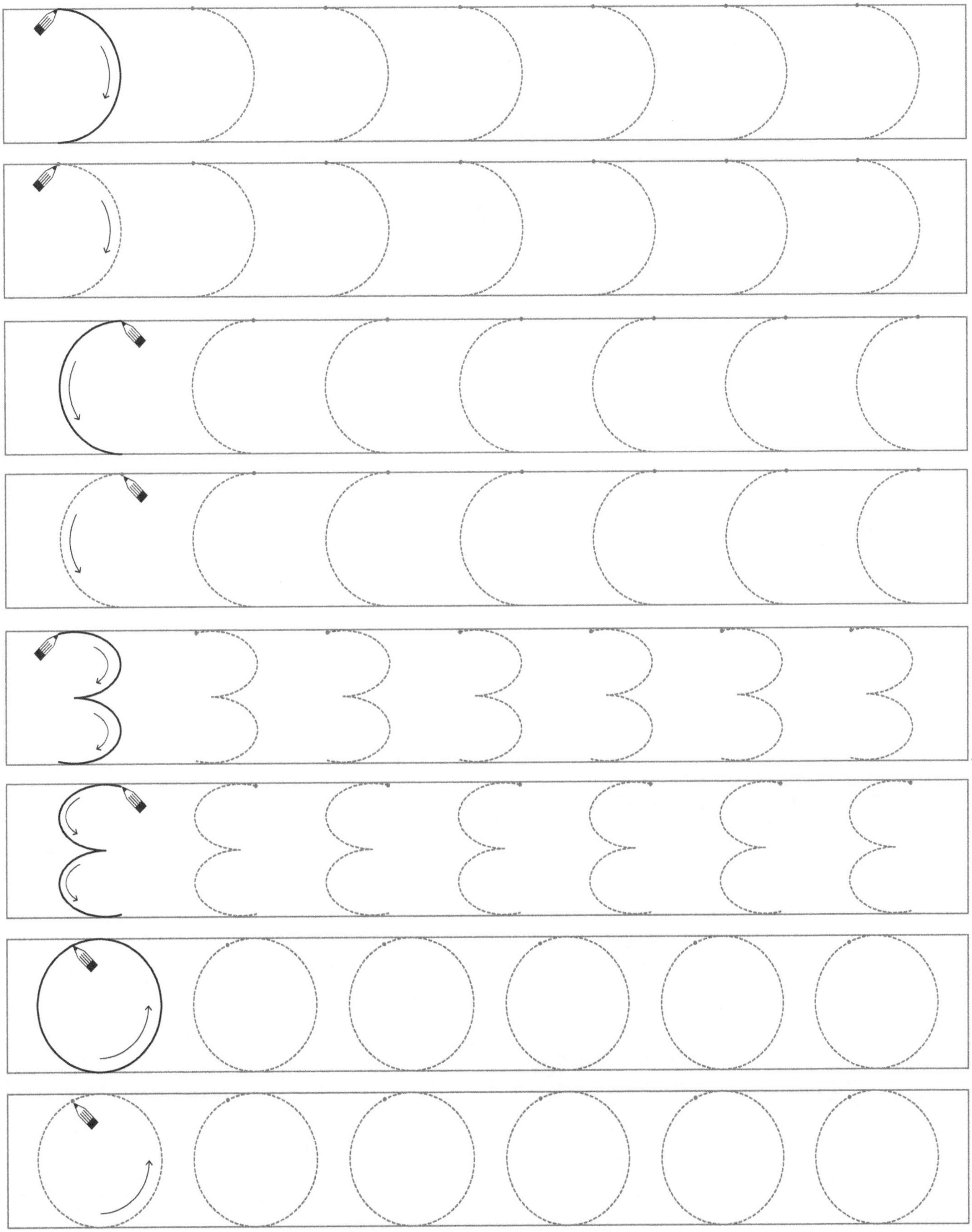

Date : ....

Teacher's Signature : ....

(a)

अनार

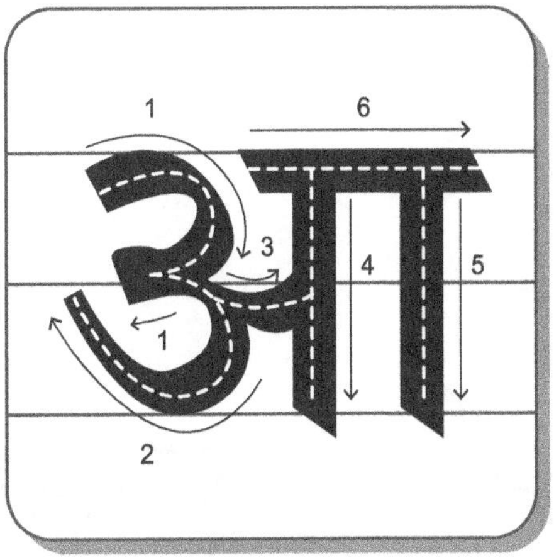

(ā)

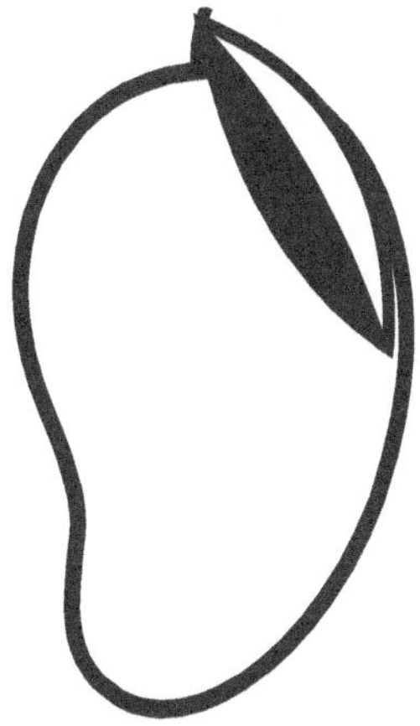

आम

उ	अ	आ	उ	अ	आ	आ
आ	आ	आ	आ	आ	आ	आ
आ	आ	आ	आ	आ	आ	आ
आ	आ	आ	आ	आ	आ	आ
आ	आ	आ	आ	आ	आ	आ
आ	आ	आ	आ	आ	आ	आ
आ	आ	आ	आ	आ	आ	आ

दिनांक :....................

हस्ताक्षर :.........................

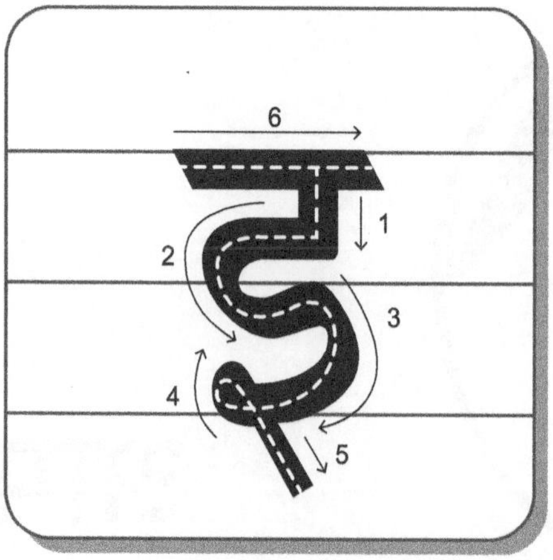

(i)

इमली

Date : ....

Teacher's Signature : ....

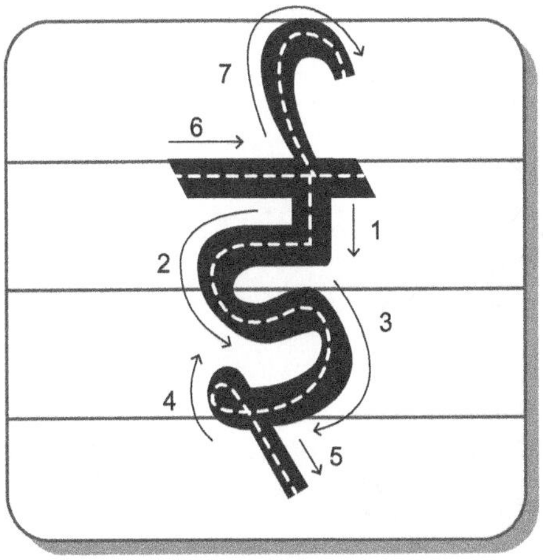

(ī)

ईख

Date : ....

Teacher's Signature : ....

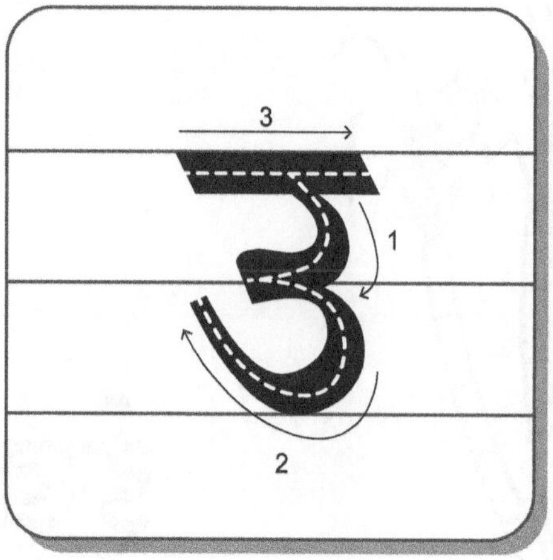

(u)

उल्लू

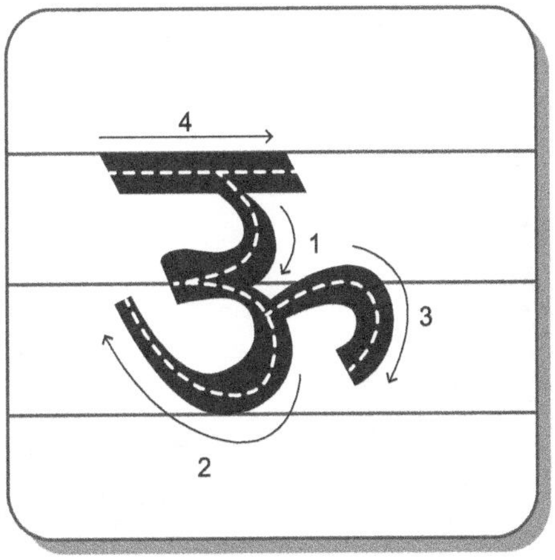

(ū)

ऊन

Date : ....

Teacher's Signature : ....

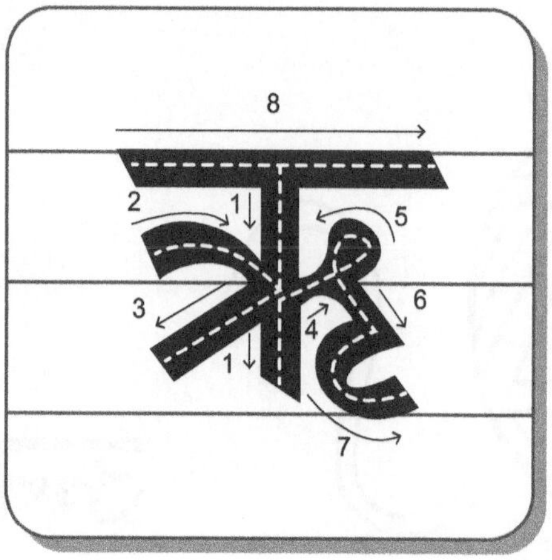

(ṛ)

ऋषि

Date : ....

Teacher's Signature : ....

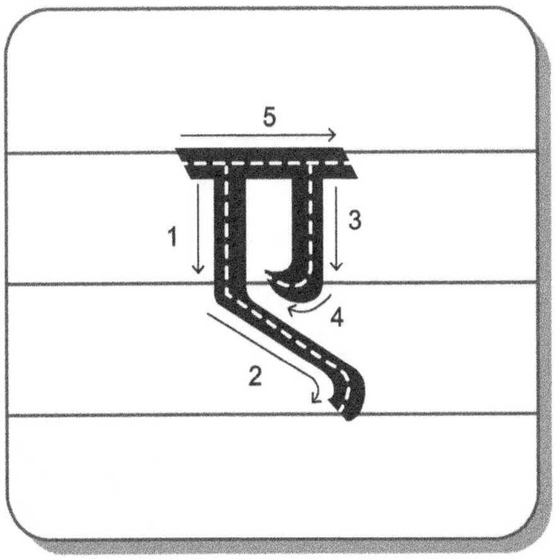

(e)

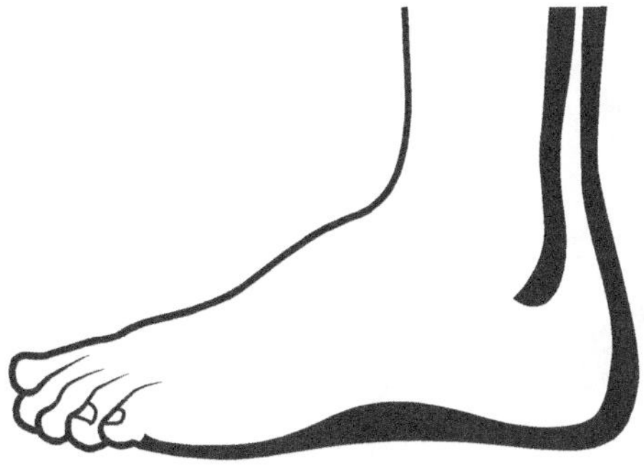

एड़ी

Date : ....

Teacher's Signature : ....

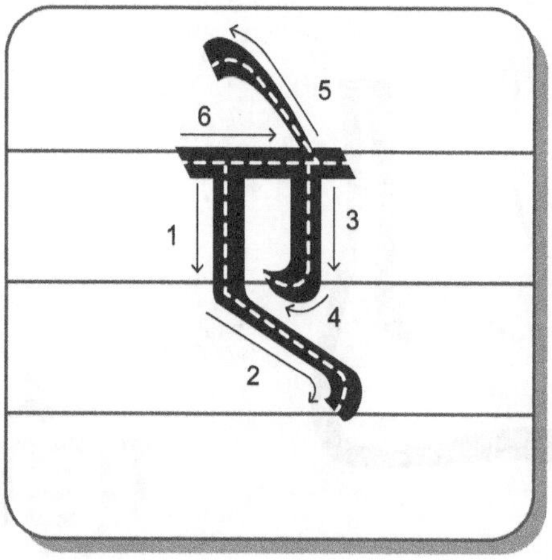

(ei)

ऐनक

Date : ....

Teacher's Signature : ....

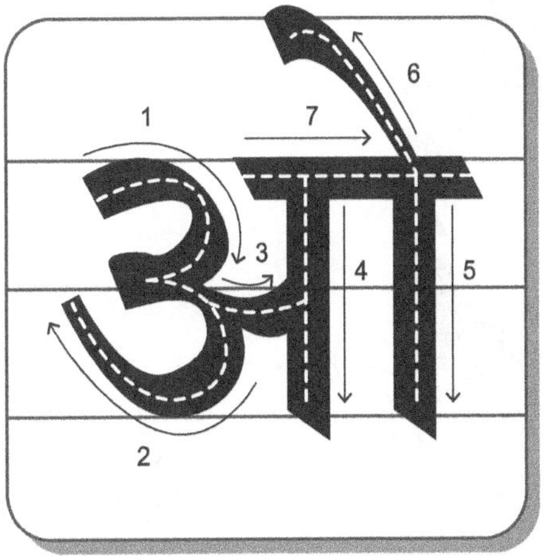

(ओ)

ओखली

उ अ ओ उ अ ओ ओ

ओ ओ ओ ओ ओ ओ ओ

ओ ओ ओ ओ ओ ओ ओ

औ ओ ओ ओ ओ ओ ओ

औ ओ ओ ओ ओ ओ ओ

ओ ओ ओ ओ ओ ओ ओ

ओ ओ ओ ओ ओ ओ ओ

दिनांक :....................

हस्ताक्षर :..........................

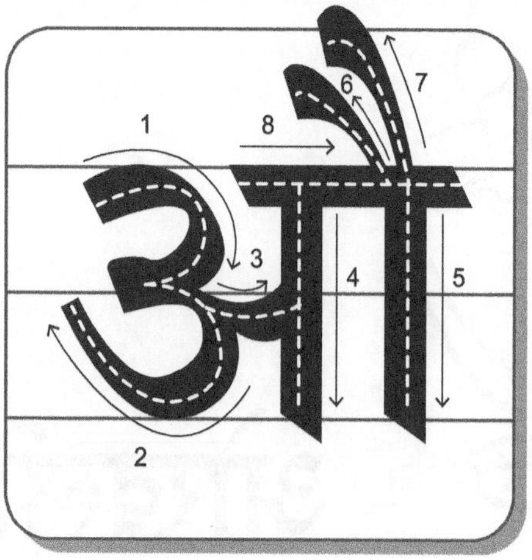

(au)

औरत

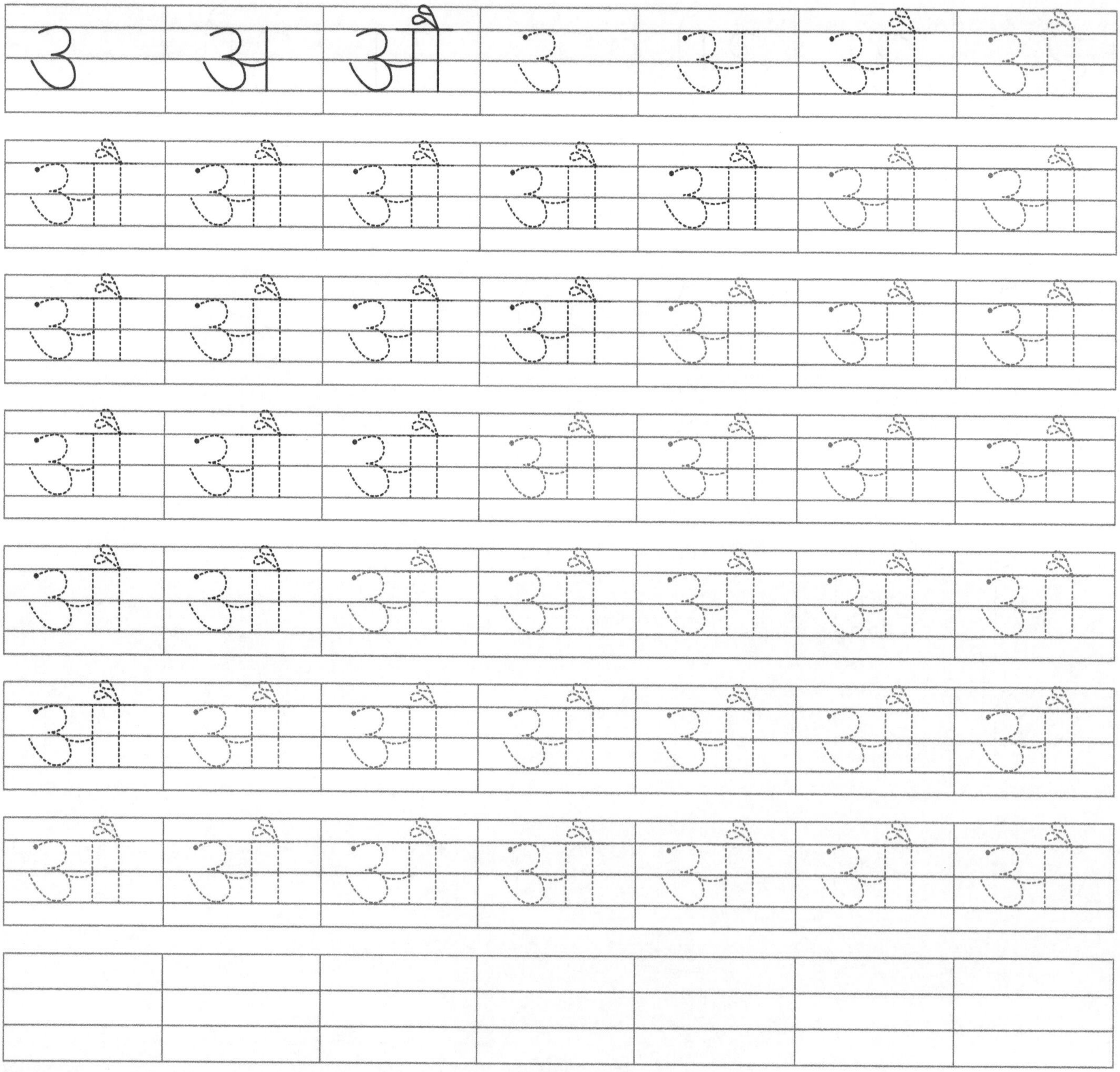

दिनांक :....................

हस्ताक्षर :........................

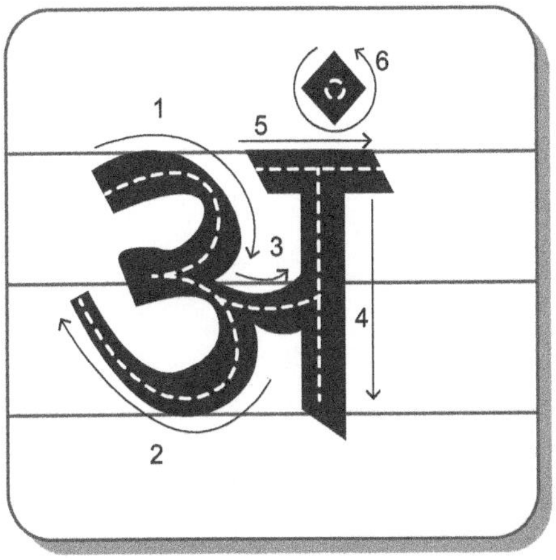

(an)

अंगूर

दिनांक :.....................

हस्ताक्षर :........................

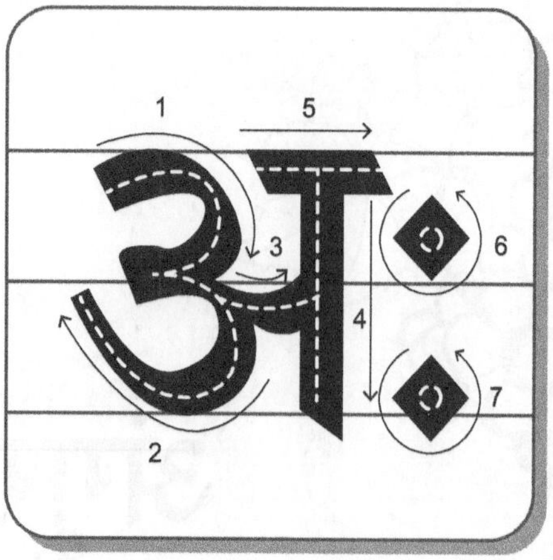

(aḥ)

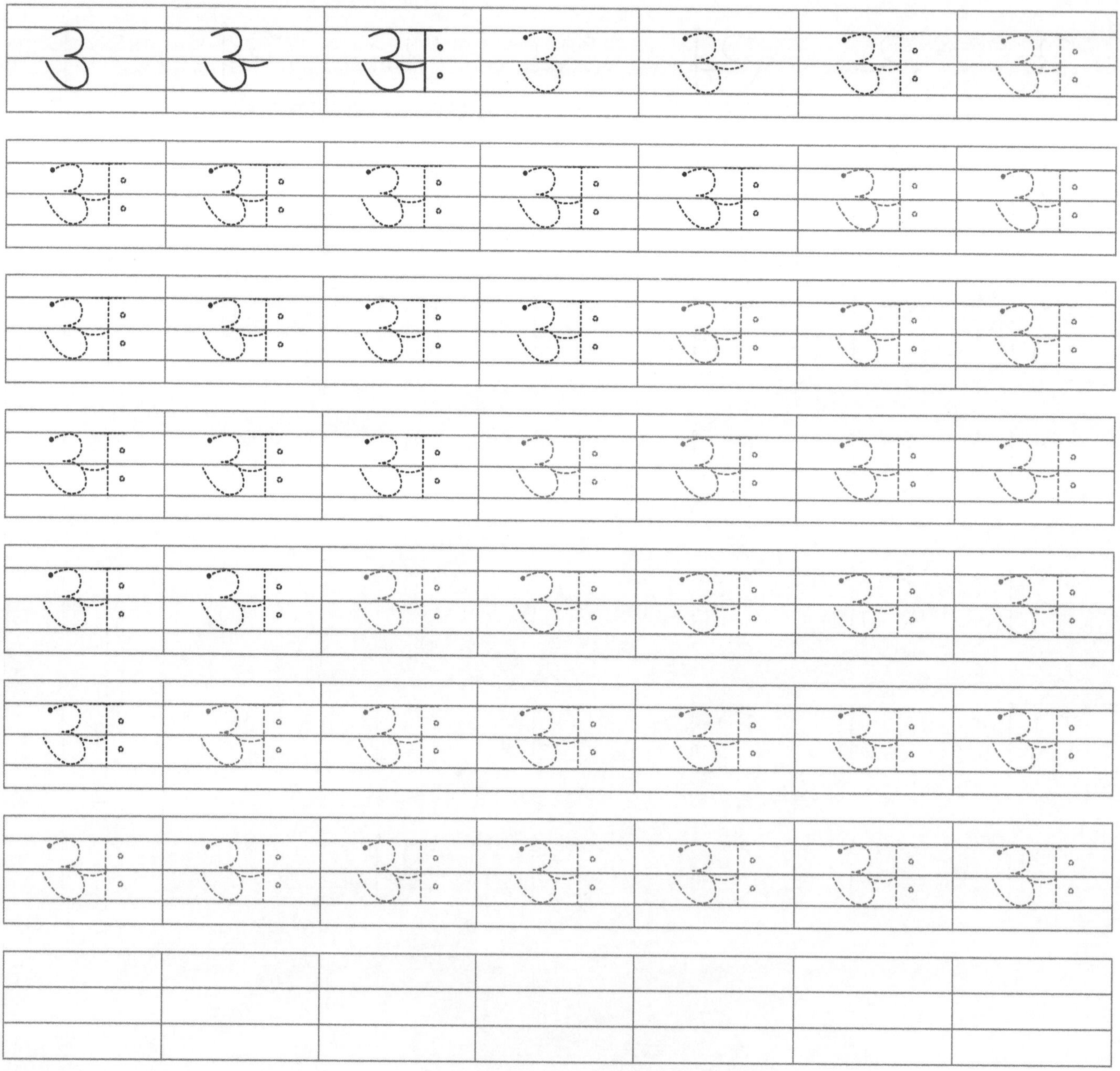

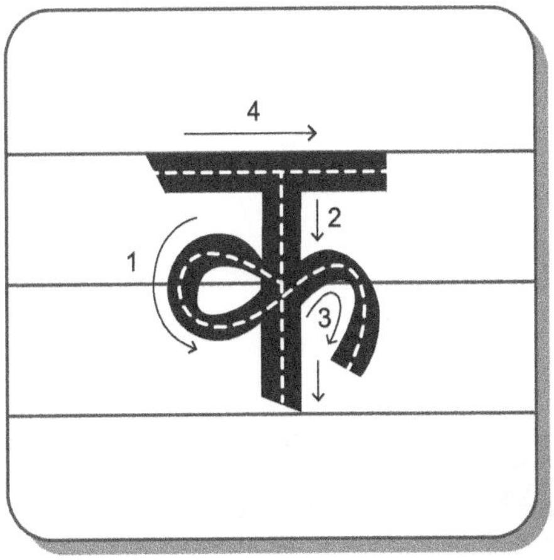

(ka)

कबूतर

दिनांक :....................

हस्ताक्षर :........................

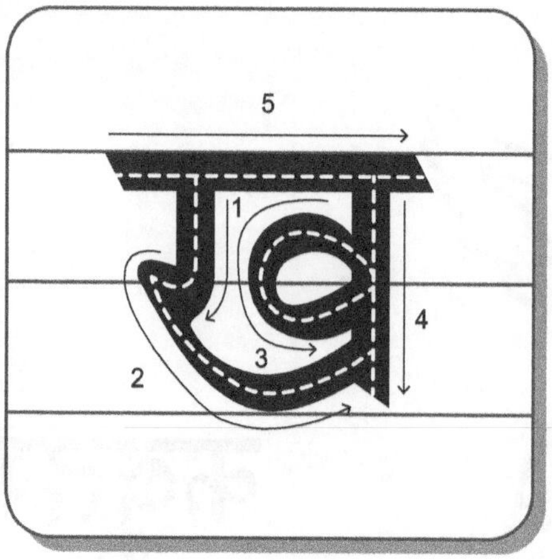

(kha)

खरगोश

दिनांक :....................

हस्ताक्षर :........................

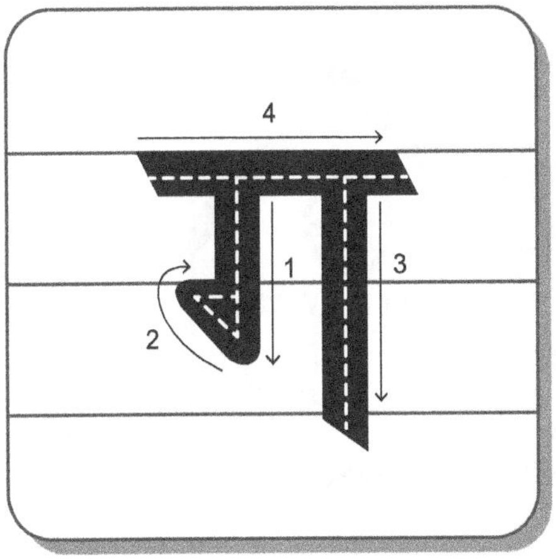

(ga)

गमला

दिनांक :..................

हस्ताक्षर :......................

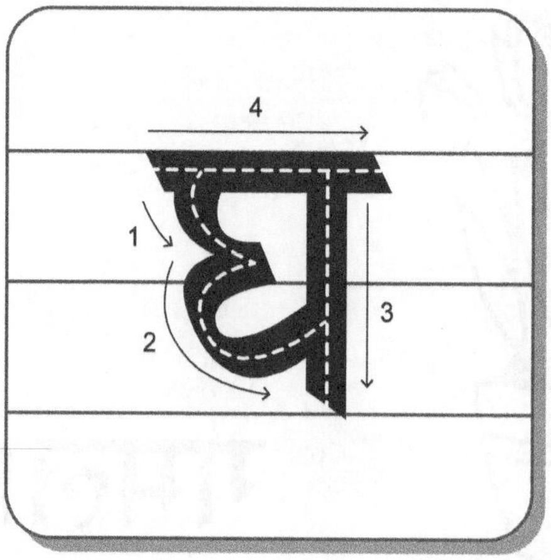

(gha)

घर

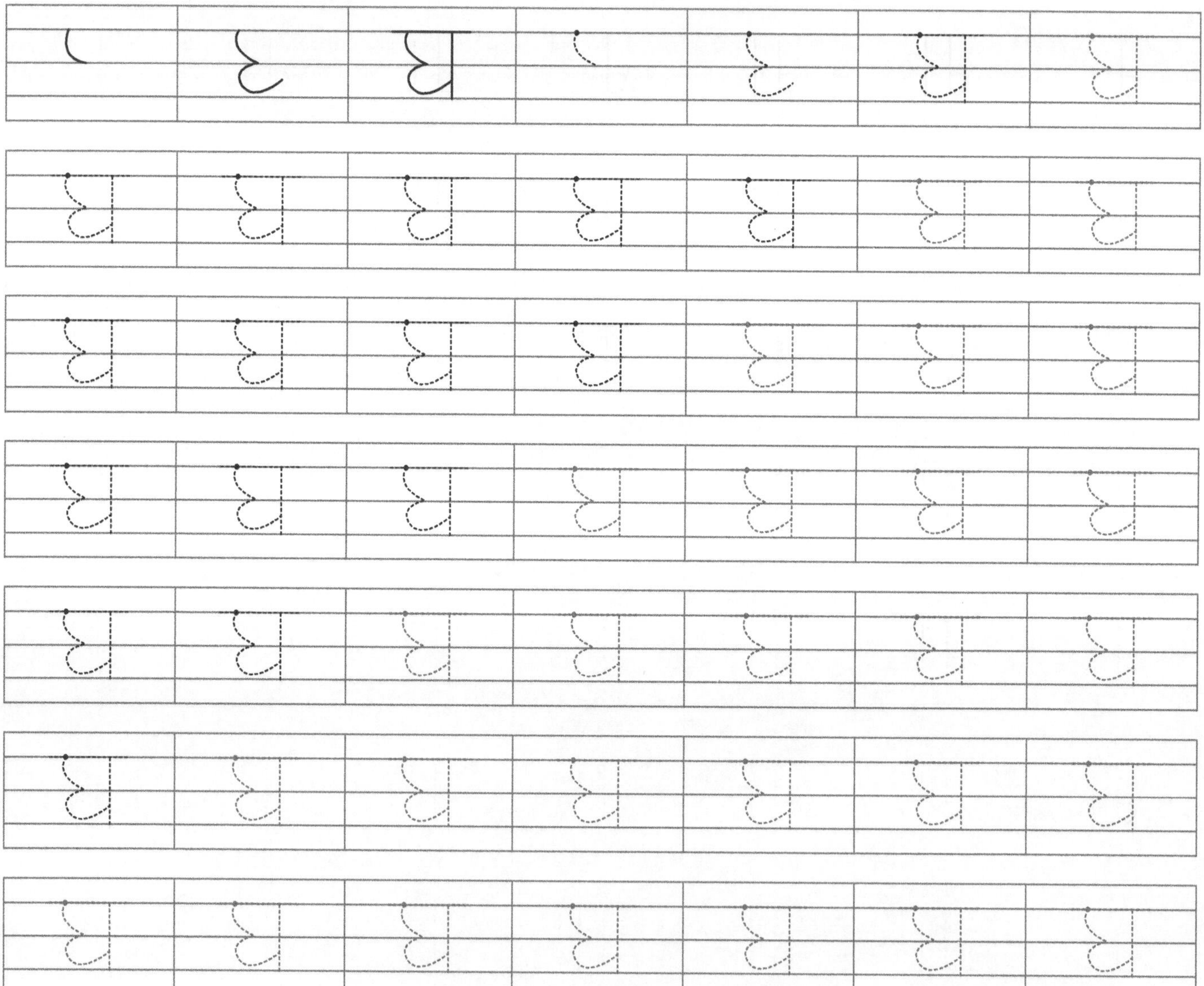

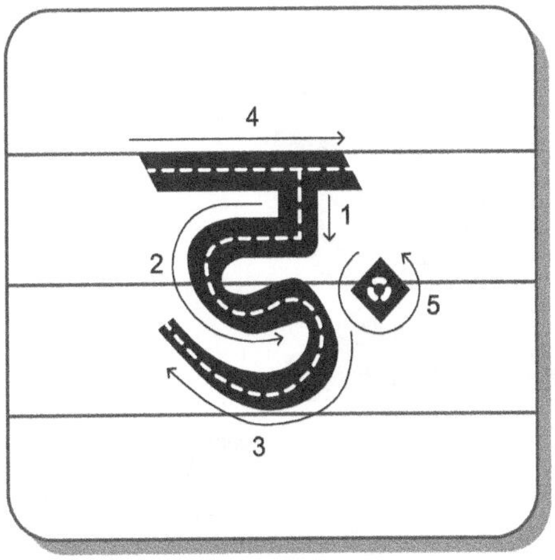

(ṅa)

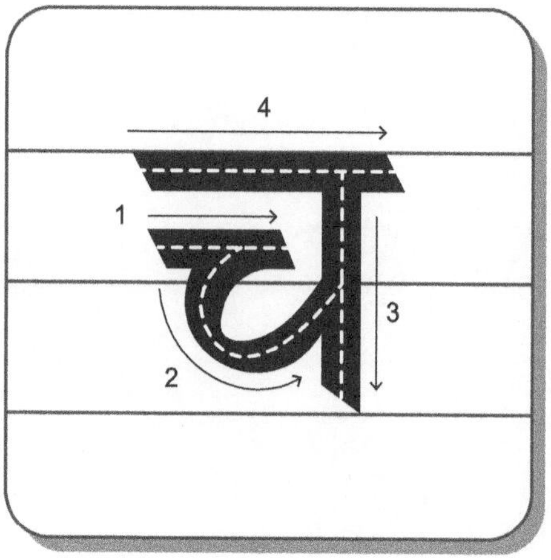

(ca)

चरखा

(cha)

छतरी

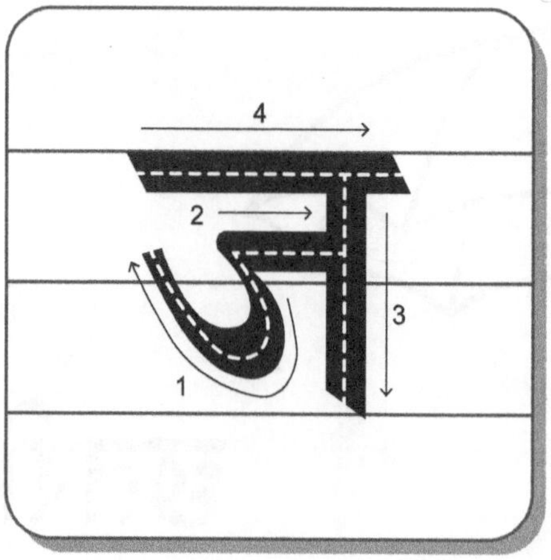

(ja)

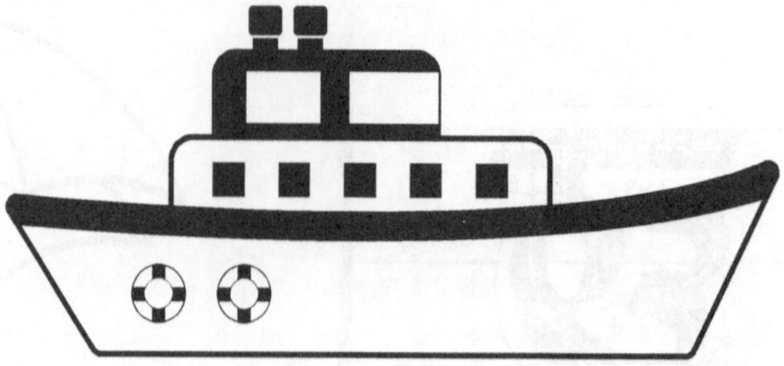

जहाज

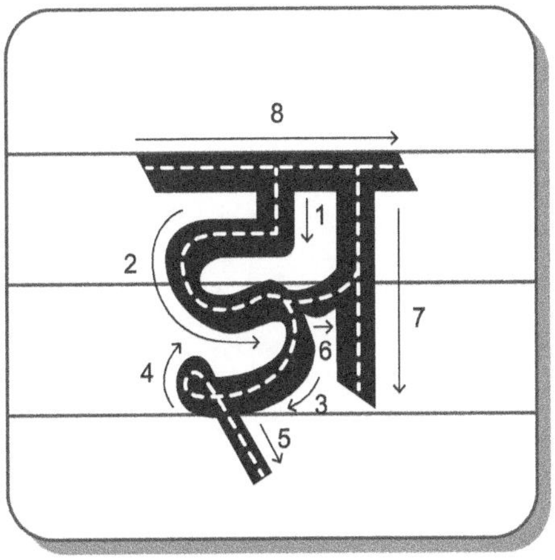

(jha)

झंडा

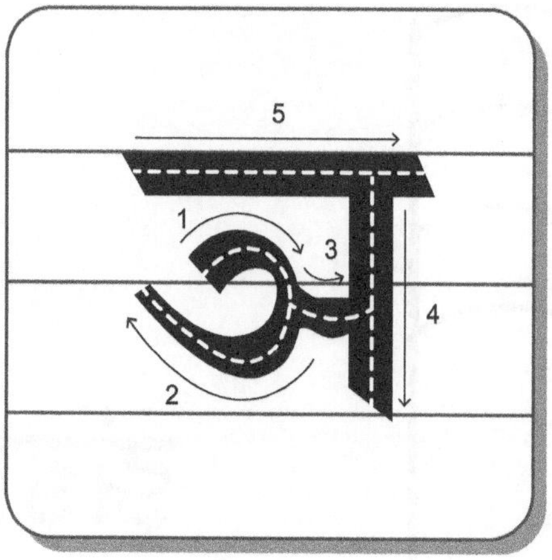

(ña)

दिनांक :....................

हस्ताक्षर :........................

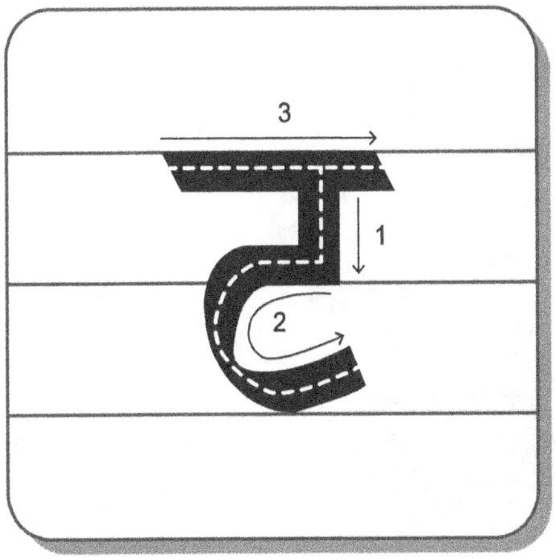

(ṭa)

टमाटर

दिनांक :....................

हस्ताक्षर :........................

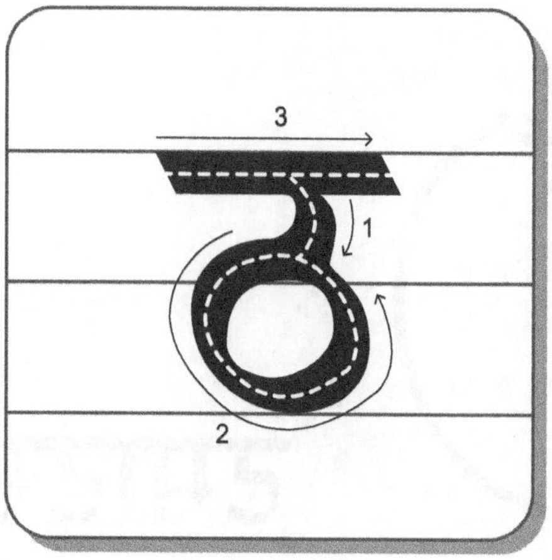

(ṭha)

ठठेरा

दिनांक :....................

हस्ताक्षर :..........................

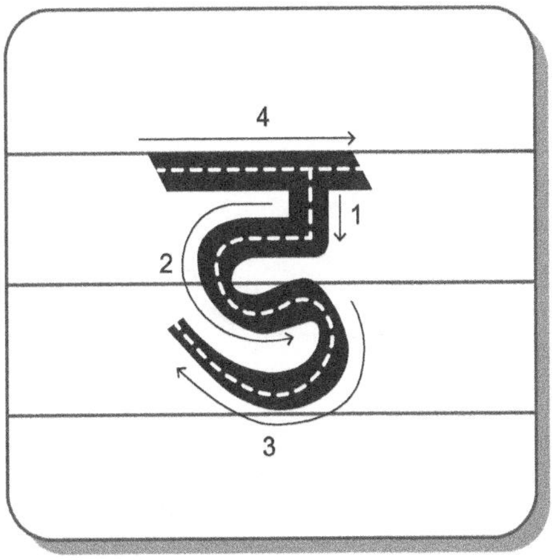

(ḍa)

डमरू

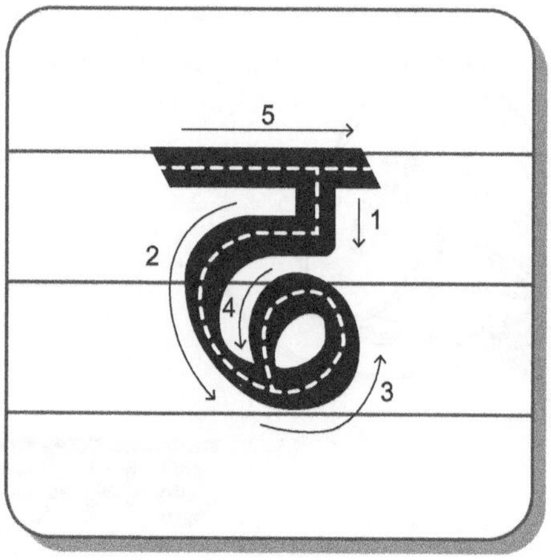

(ḍha)

ढक्कन

दिनांक :....................

हस्ताक्षर :........................

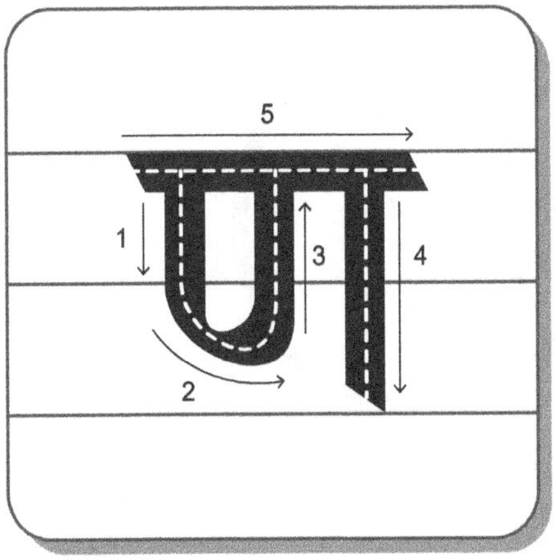

(ṇa)

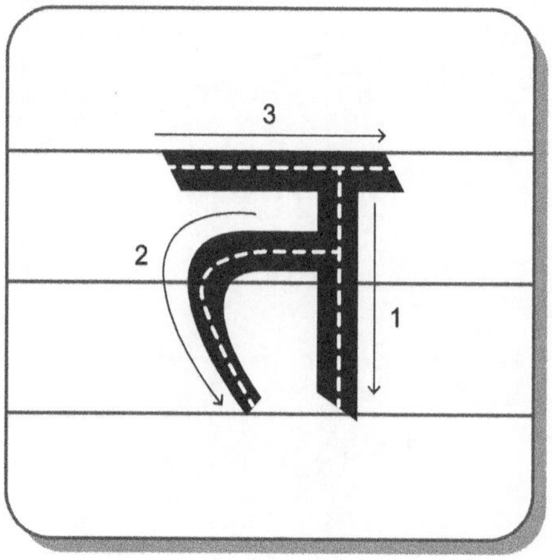

(ta)

तरबूज

दिनांक :....................

हस्ताक्षर :..........................

(tha)

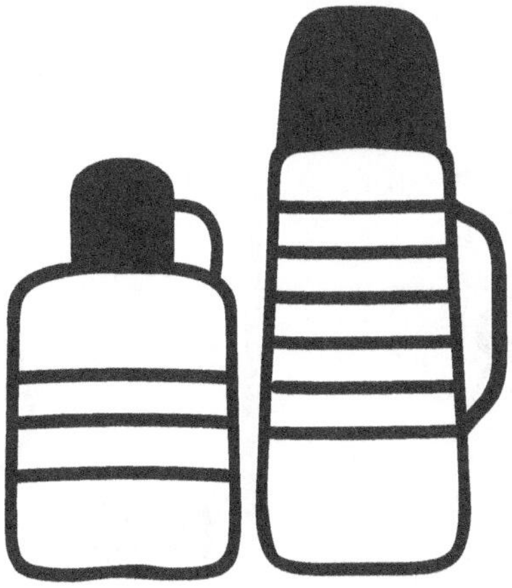

थरमस

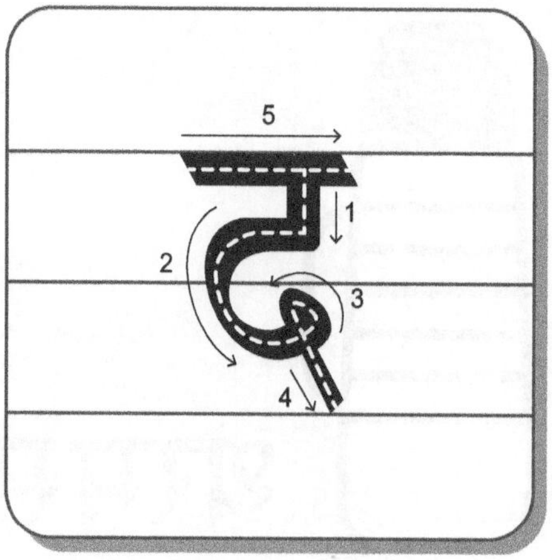

(da)

दवात

दिनांक :.....................

हस्ताक्षर :..........................

(dha)

धनुष

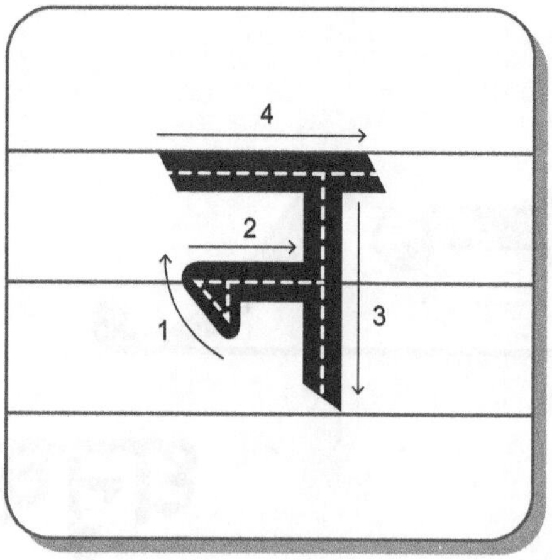

(na)

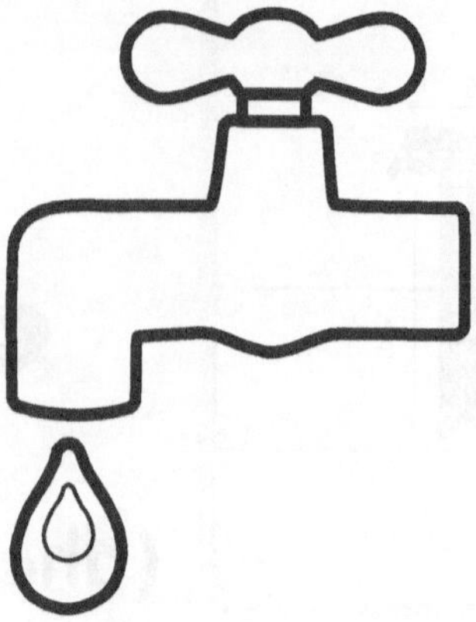

नल

दिनांक :....................

हस्ताक्षर :..........................

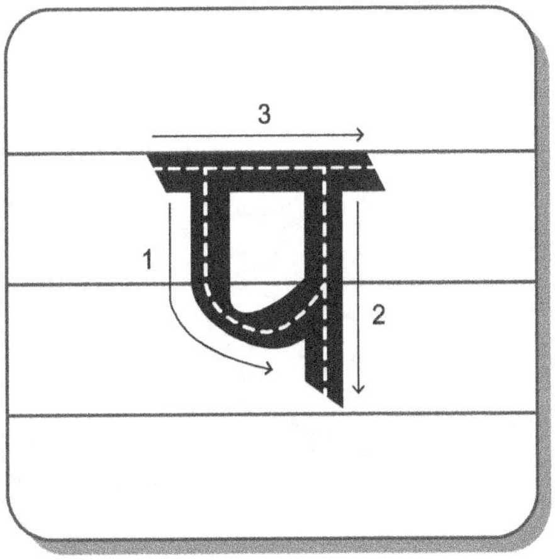

(pa)

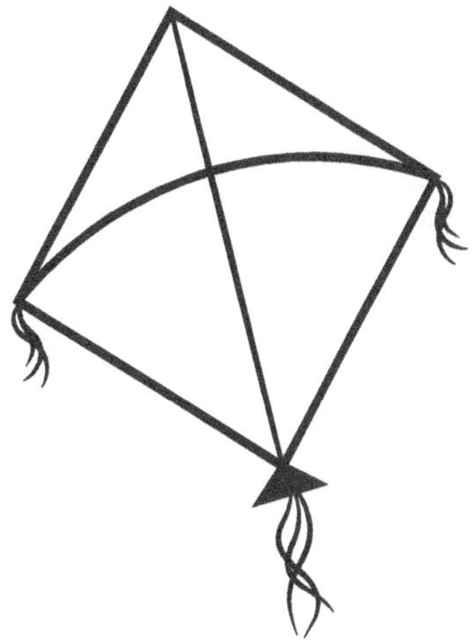

पतंग

दिनांक :....................

हस्ताक्षर :........................

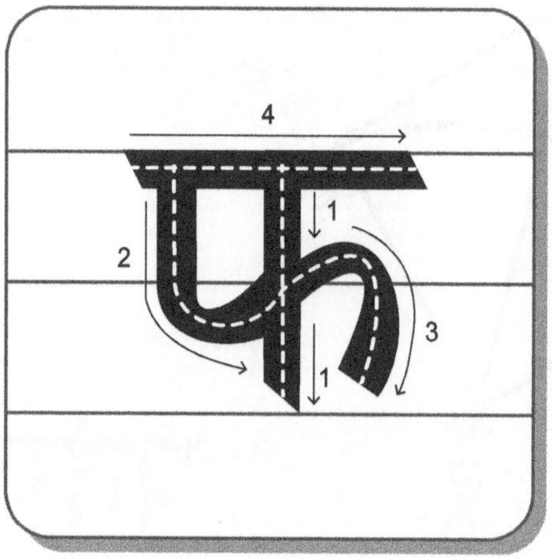

(pha)

फल

प	फ	फ	प	फ	फ	फ
फ	फ	फ	फ	फ	फ	फ
फ	फ	फ	फ	फ	फ	फ
फ	फ	फ	फ	फ	फ	फ
फ	फ	फ	फ	फ	फ	फ
फ	फ	फ	फ	फ	फ	फ
फ	फ	फ	फ	फ	फ	फ

दिनांक :..................

हस्ताक्षर :........................

(ba)

बतख

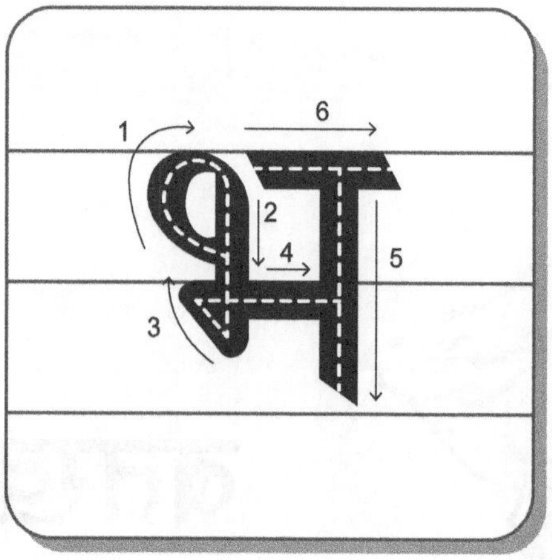

(bha)

भालू

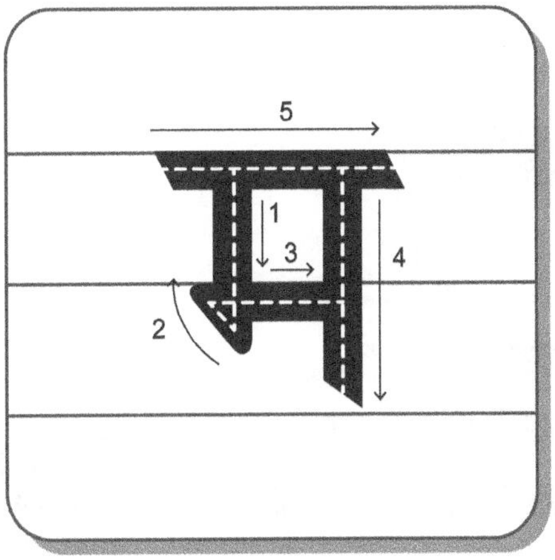

(ma)

मछली

दिनांक :..................

हस्ताक्षर :........................

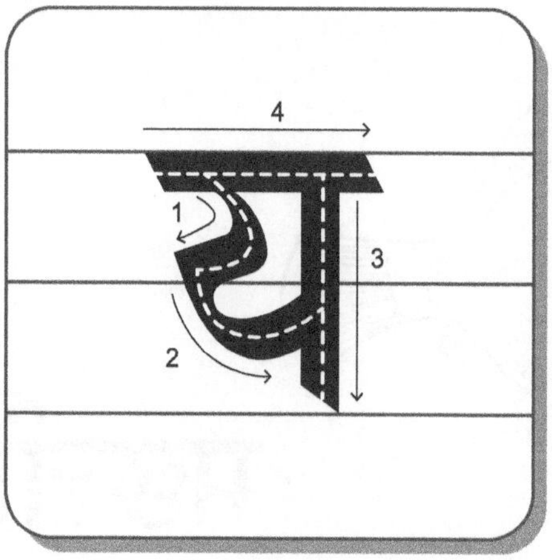

(ya)

यज्ञ

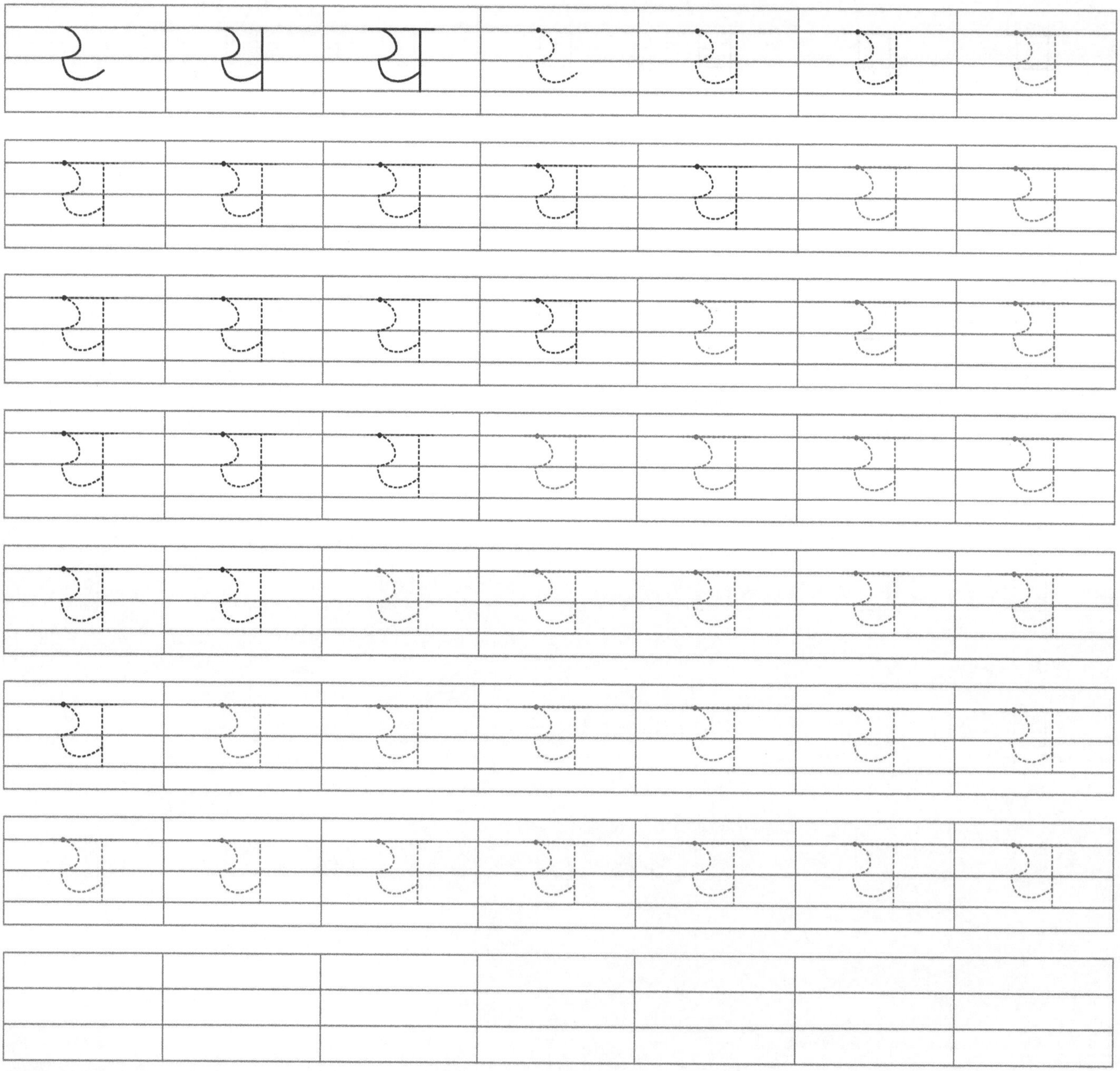

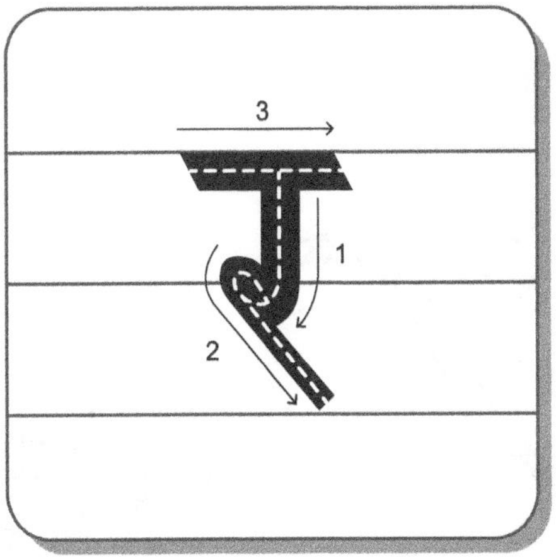

(ra)

रथ

दिनांक :....................

हस्ताक्षर :........................

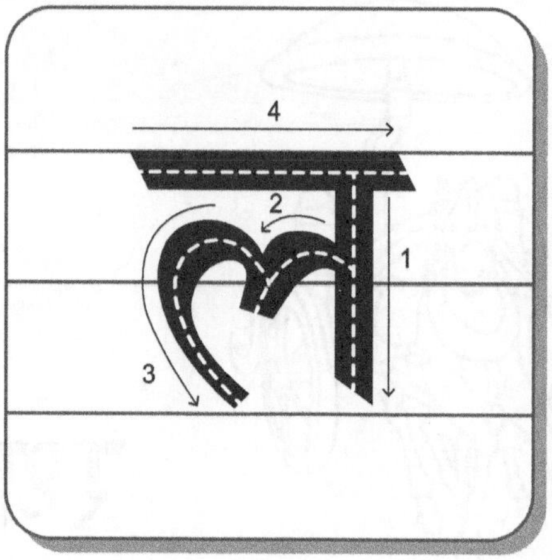

(la)

लट्टू

दिनांक :....................

हस्ताक्षर :..........................

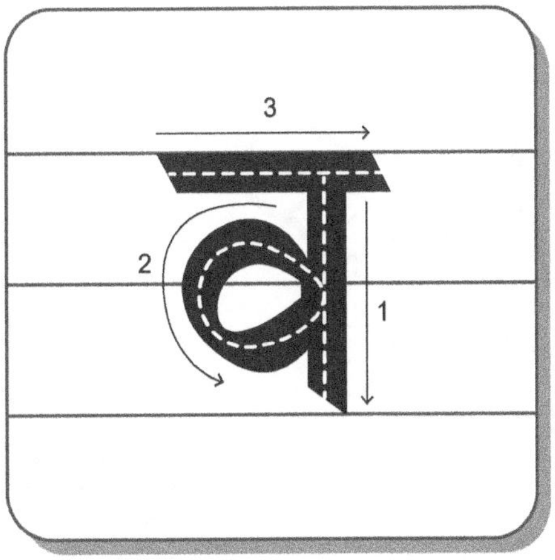

(va)

वक

दिनांक :....................

हस्ताक्षर :........................

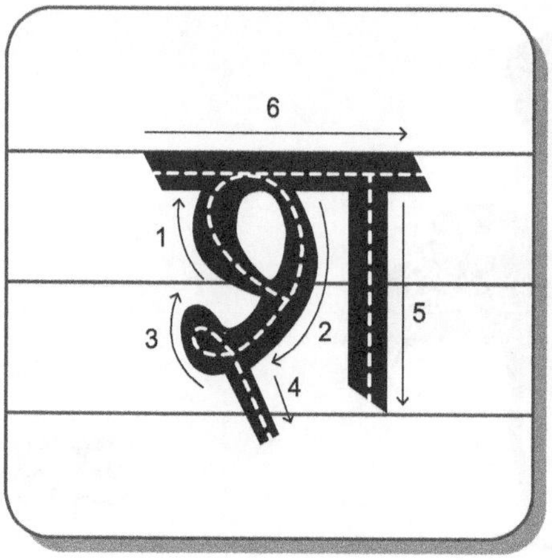

(śa)

शलगम

दिनांक :....................

हस्ताक्षर :...........................

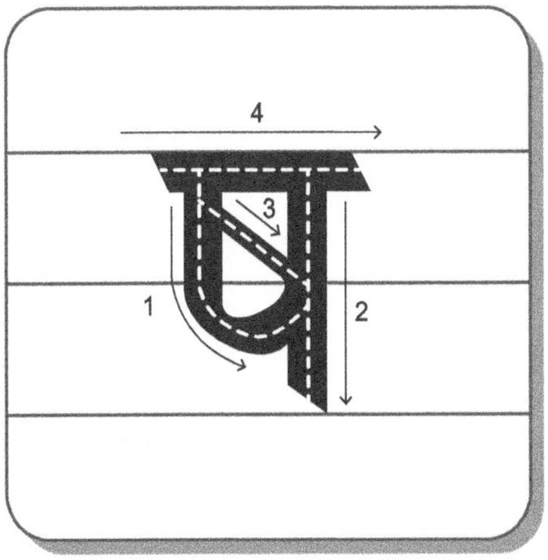

(ṣa)

षट्कोण

दिनांक :....................

हस्ताक्षर :.........................

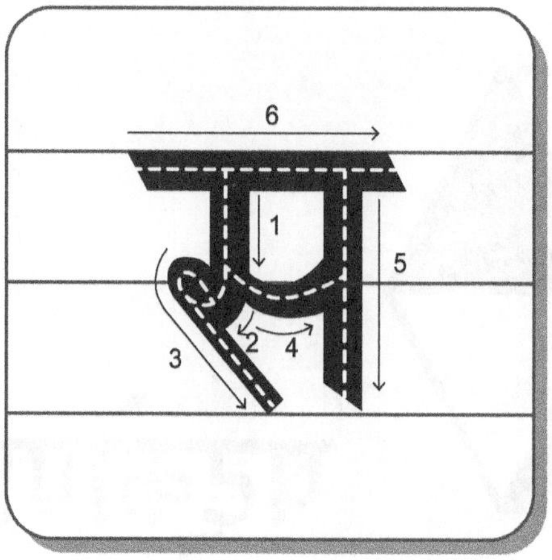

(sa)

सपेरा

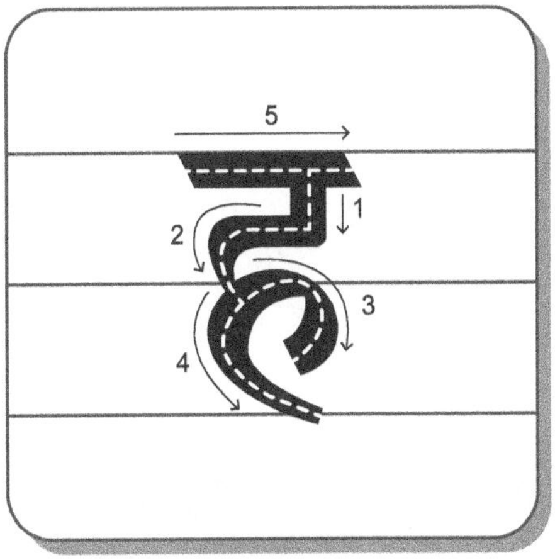

(ha)

हाथी

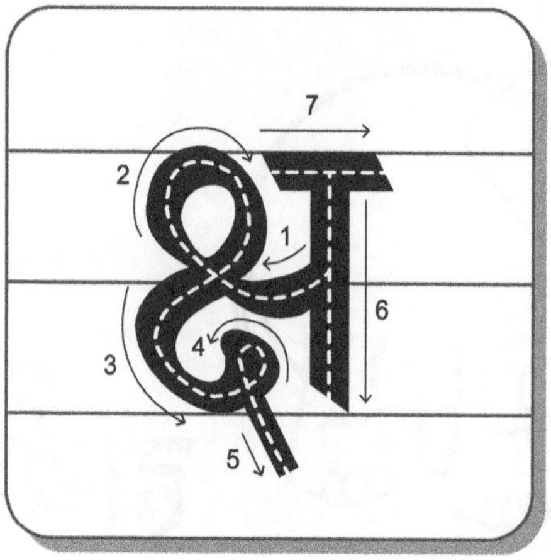

(kṣa)

क्षत्रिय

दिनांक :.....................

हस्ताक्षर :.........................

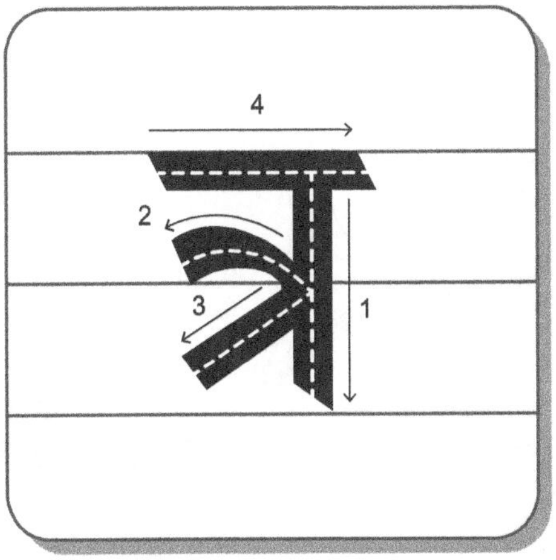

(tra)

त्रिशूल

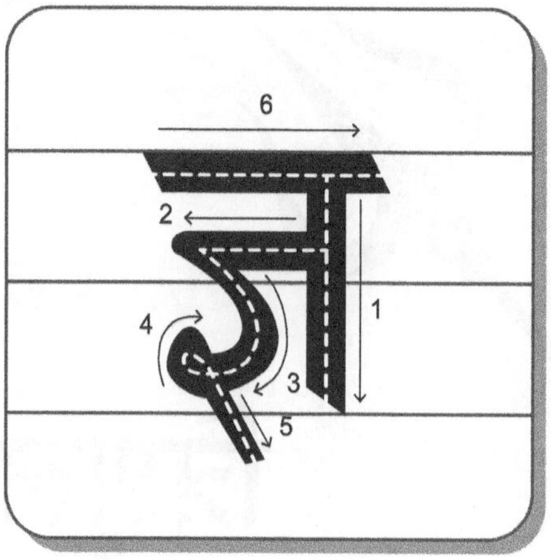

(jña)

ज्ञानी

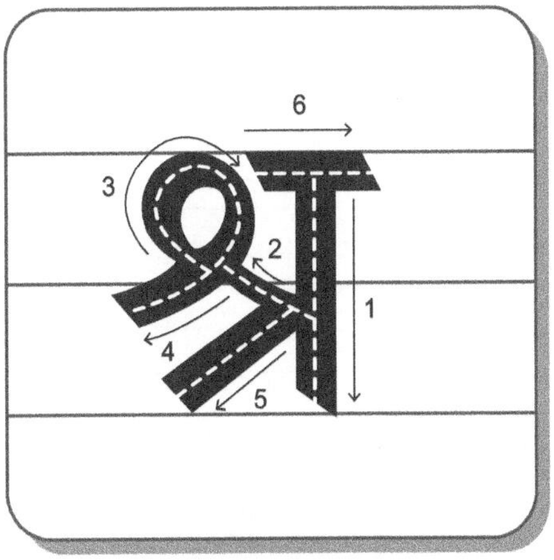

(śra)

श्रमिक

बोलकर अक्षर लिखें

अ						

					अः

क						

	श्र

दिनांक :....................

हस्ताक्षर :..........................

खाली स्थान में अक्षर लिखें

अ	आ		ई	उ		

	ऐ		औ		

क	ख		घ			छ

	झ		ट		ड	

		थ	द		न	

	ब			य		ल

		ष	स	ह		त्र

ज्ञ	

दिनांक :....................

हस्ताक्षर :.........................

चित्रों को पहचान कर उनका पहला अक्षर खाली स्थान में लिखें

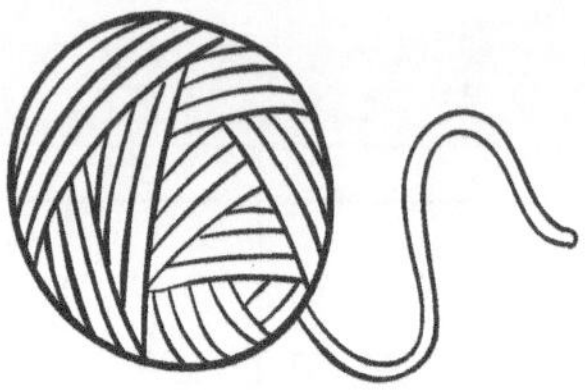

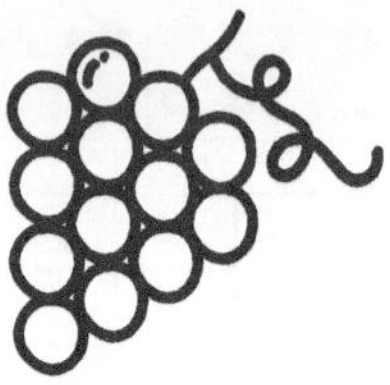

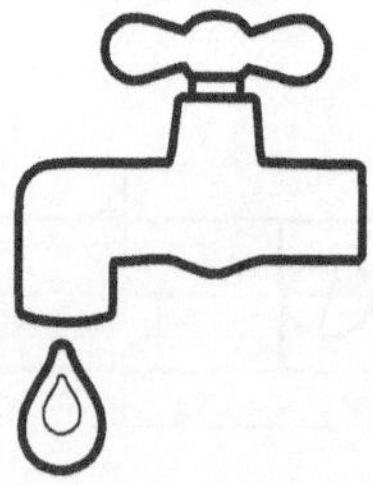

दिनांक :.....................

हस्ताक्षर :..........................